REDUZIEREN!

211 Strategien zur Reduzierung Ihrer Immobilienkosten

Wayne Fox

Copyright © 2015 von Wayne Fox. Alle Rechte vorbehalten. Kein Teil dieses Buches darf in irgendeiner Form ohne schriftliche Genehmigung des Autors reproduziert werden. Rezensenten dürfen kurze Passagen in Rezensionen zitieren.

Haftungsausschluss und FTC-Haftungsausschluss

Kein Teil dieser Veröffentlichung darf ohne schriftliche Genehmigung des Herausgebers in irgendeiner Form oder mit irgendwelchen Mitteln, sei es mechanisch oder elektronisch, einschließlich Fotokopieren oder Aufzeichnen, oder durch ein Informationsspeicher- und -abrufsystem reproduziert oder übertragen oder per E-Mail übermittelt werden.

Obwohl alle Versuche unternommen wurden, die in dieser Veröffentlichung bereitgestellten Informationen zu überprüfen, übernimmt der Autor keine Verantwortung für Fehler, Auslassungen oder gegenteilige Interpretationen des hierin enthaltenen Themas.

Dieses Buch dient nur der Unterhaltung. Die geäußerten Ansichten sind ausschließlich die des Autors und sollten nicht als fachmännische Anweisungen oder Anweisungen verstanden werden. Der Leser ist für sein eigenes Handeln verantwortlich.

Die Einhaltung aller geltenden Gesetze und Vorschriften, einschließlich internationaler bundesstaatlicher, staatlicher und lokaler Berufslizenzen, Geschäftspraktiken, Werbung und aller anderen Aspekte der Geschäftstätigkeit in den USA,

Kanada, Großbritannien oder einer anderen Gerichtsbarkeit, liegt in der alleinigen Verantwortung des Käufer oder Leser.

Der Autor übernimmt keinerlei Verantwortung oder Haftung im Namen des Käufers oder Lesers dieses Materials.

Jede wahrgenommene Beleidigung einer Einzelperson oder Organisation ist völlig unbeabsichtigt. Manchmal verwende ich Affiliate-Links zum Inhalt des Buches. Das bedeutet, dass ich bei einem Kauf eine Verkaufsprovision erhalte. Das bedeutet jedoch nicht, dass meine Meinung käuflich ist. Alle im Buch aufgeführten Affiliate-Links sind die Dienste und Produkte, die ich selbst genutzt habe und die ich für nützlich befunden habe. Der Leser oder Käufer sollte seine eigene Recherche durchführen, bevor er online einen Kauf tätigt.

Inhalt

1. Einführung
2. TEIL 1: Immobilie
3. TEIL 2: Pflege Ihres Eigentums
4. TEIL 3: Energie
5. Abschluss
6. Über den Autor

Einführung

Immobilien können einen erheblichen Teil der Kosten eines Unternehmens ausmachen. Viele Kleinunternehmer sind zu beschäftigt, um zu lernen, wie sie ihre Kosten senken können. Deshalb haben wir einen einfachen, leicht lesbaren Leitfaden zusammengestellt, der einige Kernstrategien zur Senkung der Immobilienkosten und zur Steigerung der Rentabilität eines Kleinunternehmens auflistet.

Dieses E-Book konzentriert sich in erster Linie auf kleine Geschäftsräume, aber die gleichen Prinzipien können auf alle Immobilientypen übertragen werden, vom Einfamilienhaus bis hin zu großen Produktionsstätten in der Größe einer Kleinstadt.

Um das Lesen zu erleichtern, ist dieses Buch in drei Teile unterteilt:

- Teil 1 – Immobilien – Die Kernstruktur des Gebäudes und alles, was damit zusammenhängt
- Teil 2 – Instandhaltung der Räumlichkeiten – Der Prozess zur Aufrechterhaltung eines effizienten Betriebs der Systeme
- Teil 3 – Energie – Der Prozess zur Reduzierung der Energiekosten für das Unternehmen

Dieses E-Book ist hauptsächlich unter dem Gesichtspunkt einer langfristigen Strategie geschrieben. Während sich einige Strategien sofort auszahlen, haben andere Strategien eine längerfristige Auszahlung, wobei im Voraus einige Investitionen erforderlich sind. Es empfiehlt sich, die Amortisation jeder im Buch behandelten Strategie zu berechnen, um ihre Eignung für Ihre eigenen Umstände zu überprüfen.

TEIL 1: Immobilien

Da wir alle vielbeschäftigte Menschen sind, fangen wir gleich an und beginnen mit unserem Immobilienbereich. Dabei wird alles abgedeckt, was mit der Kernstruktur des Gebäudes zusammenhängt.

1. **Sichern Sie sich von Anfang an das beste Angebot.**

   Verhandeln Sie bei der Suche nach Immobilien einen Deal, der zu Ihrem Unternehmen passt. Die meisten Mietverträge werden zugunsten des Vermieters abgeschlossen. Wir werden uns später weitere Möglichkeiten ansehen, dies zu tun.

2. **Optimieren Sie die Öffnungszeiten je nach Handelsniveau.**

   Wenn Ihr Geschäft um 9 Uhr morgens geöffnet hat, Sie aber in den ersten zwei Stunden nur wenige Kunden haben, kosten Sie dann mehr Personal und laufende Kosten als der Gewinn, den Sie aus diesen Verkäufen erzielen? Wenn die Verkaufspräsenz erforderlich ist, könnte der Ressourcenbedarf auf irgendeine Weise reduziert werden, um der geringeren Kundenfrequenz Rechnung zu tragen?

3. **Verwenden Sie für das Gebäude Doppel-/Dreifachschichtmuster.**

Die meisten Gebäude werden nur acht bis zehn Stunden am Tag genutzt. Welche anderen Nutzungsmöglichkeiten könnten Sie außerhalb der Kernöffnungszeiten für Ihre Räumlichkeiten finden? Ein Beispiel könnte ein Bürogebäude sein. Durch die Umstellung der Gebäudebelegung auf ein Zweischichtsystem geht die Belegschaft von 8 bis 18 Uhr um 18 Uhr nach Hause, und eine neue Belegschaft arbeitet zwischen 19 und 7 Uhr.

Bei diesen Tagesmitarbeitern könnte es sich um Mitarbeiter mit Kundenkontakt handeln, und bei den Nachtschichtmitarbeitern könnte es sich um Personen handeln, die Aufgaben wie Gehaltsabrechnung und Buchhaltung erledigen, die nicht unbedingt mit Kundenkontakt zu tun haben müssen. Dies reduziert nicht nur die Anzahl der Sitzplätze für das Unternehmen, sondern erhöht auch die Rentabilität. Für ein

Unternehmen, das acht Stunden am Tag arbeitet, könnte dies durch drei Schichtpläne noch weiter optimiert werden. Was könnte Ihr Unternehmen außerhalb der Geschäftszeiten mit seinen Räumlichkeiten tun?

4. **Denken Sie über den Standort Ihres Unternehmens nach.**

Wenn sich Ihr Unternehmen nicht im erstklassigen Stadtzentrum befinden muss, kann es in Bezug auf Kapitalerwerbskosten, Miete und staatliche Steuern deutlich günstiger sein, ein Gebäude zu erwerben, das ein paar Straßen weiter oder, noch radikaler, am Stadtrand liegt Stadt.

5. **Positionieren Sie Ihr Unternehmen dort, wo Ihre Kunden sind.**

Wenn man die Kundenfrequenz betrachtet, senkt die Positionierung Ihrer Räumlichkeiten in zentraler Lage am Standort Ihrer Kunden zwar nicht die anfänglichen Immobilienkosten, verringert aber die Verschwendungskosten für Mitarbeiter, die nicht voll leistungsfähig sind, weil sie nicht genügend Kunden haben, um sie zu beschäftigen.

6. **Holen Sie sich die richtige Immobilienart.**
Benötigen Sie wirklich Einzelhandelsflächen oder könnten Sie von einem Bürogebäude aus arbeiten? Einzelhandelsflächen sind in der Regel die teuersten zu mieten oder zu kaufen und verursachen häufig die höchsten Kosten für Miete und staatliche Steuern.

Lagerhaltung pro Quadratfuß ist ungefähr die kostengünstigste Immobilienart. Wenn Sie die Abläufe Ihres Unternehmens verstehen und optimieren, können Sie die Kosten erheblich senken.

Wenn Sie die Zukunft Ihrer Branche verstehen und Ihr Unternehmen auf diese Weise aufbauen, können Sie auf lange Sicht auch Geld sparen.

Wenn Sie beispielsweise ein Einzelhandelsunternehmen sind, können Sie dann vorhersagen, wie die Menschen in Zukunft einkaufen werden?

Einige Experten würden sagen, dass künftig mehr Einkäufe online getätigt werden. Wenn dies der Fall ist, wäre die Verlagerung eines großen Teils Ihrer Betriebsabläufe in Lagerflächen und die Reduzierung der Verkaufsfläche ein kluger Schachzug im Hinblick auf Kostensenkungen und die Positionierung des Unternehmens für zukünftige Trends in der Branche.

7. **Reduzieren Sie die Reisezeit Ihrer Mitarbeiter.**

   Wenn Ihr Unternehmen Mitarbeiter benötigt, die Kunden außerhalb Ihres Betriebsgeländes besuchen, berücksichtigen Sie die Kosten für die Fahrtzeit von Ihrem Betriebsgelände zum Kunden. Wenn sich Ihre Räumlichkeiten am Stadtrand befinden, Ihre Kunden sich aber im Stadtzentrum befinden, zahlen Sie ihnen für jede Fahrt möglicherweise eine halbe Stunde Hin- und Rückfahrt. Das bedeutet, dass bei jedem Kundenbesuch eine Stunde Produktivität verschwendet wird.

8. **Reduzieren Sie die Reisekosten Ihrer Mitarbeiter.**

Wie bei der Reisezeit für Mitarbeiter gilt auch hier: Wenn Sie die Reisekosten zu Kundenbesuchen bezahlen, kann es für Ihr Unternehmen sehr kostspielig werden, Treibstoff, Fahrzeuge, Bahntickets usw. zu bezahlen.

9. Kartieren Sie, wo sich Ihre Kunden befinden.

Indem Sie eine große geografische Karte des Gebiets erstellen und dort eintragen, wo sich Ihre Kunden befinden, können Sie eine Heatmap erstellen, die zeigt, wo sich Ihr größtes Publikum befindet, und Ihre Räumlichkeiten in der Nähe davon ansiedeln. Wenn Ihre Kunden auf drei Hauptstandorte verteilt sind, ist es möglicherweise günstiger, drei kleinere separate Räumlichkeiten anstelle eines zentralen Gebäudes zu haben.

Berücksichtigen Sie bei dieser Bewertung die Gesamtkosten, da für kleine Räumlichkeiten manchmal geringere oder keine staatlichen Steuern anfallen, während die Verwaltung über drei separate Standorte möglicherweise höhere Kosten verursacht.

10. Erwägen Sie Hot-Desking.

Hot-Desking gibt es seit etwa 2009. Anstatt einem Mitarbeiter einen dauerhaften Schreibtischplatz zur Verfügung zu stellen, gewähren Sie ihm vorübergehenden Zugang zu einem Schreibtischplatz mit allen Einrichtungen, die er benötigt, während er vor Ort ist. Dies eignet sich gut für Positionen wie Verkäufer, die viel Zeit außerhalb des Büros verbringen.

Es gibt auch viele verschiedene Büroraumanbieter, die Hot-Desking-Bereiche anbieten. Anstatt also einen kompletten Büroraum zu mieten, können Sie einfach stundenweise bezahlen. Dies kann insbesondere dann von Vorteil sein, wenn Sie oder Ihre Mitarbeiter möglicherweise weit von Ihrem Büro entfernt arbeiten und Sie ihnen nicht die Fahrtkosten zu Ihren Räumlichkeiten bezahlen möchten.

Das Konzept lässt sich auf die meisten Branchen übertragen, in denen kein dauerhafter Raum erforderlich ist.

11. Führen Sie eine Richtlinie für Remote-Arbeit ein.

Viele große Unternehmen nutzen Remote-Arbeit. Anstatt Platz für die Unterbringung des Personals zu bezahlen, arbeiten sie von zu Hause oder von ihren Fahrzeugen aus, wobei einige von ihnen ein Hot-Desking-Element in den Gebäuden anderer Leute integrieren. Durch die Einführung von Remote-Arbeit kann der Platzbedarf erheblich reduziert werden.

12. Nutzen Sie den gemeinsamen Raum.
Ein häufigeres Beispiel hierfür ist die Anmietung von Flächen innerhalb eines Geschäftszentrums. Dasselbe Modell kann jedoch in den meisten Branchen kopiert werden.

Wenn Sie beispielsweise ein Einzelhändler sind, können Sie die Fläche mit anderen Einzelhändlern teilen, vielleicht sogar mit größeren Marken in der Haupteinkaufsstraße. Ihr Ziel ist es, Ihr Produkt/Ihre Dienstleistung an den Kunden zu verkaufen, es geht nicht darum, ein Gebäude zu mieten oder zu besitzen; Das ist eine ganz andere Branche.

13. Berechnen Sie das Gleichgewichtsverhältnis zwischen gemeinsam genutztem und dediziertem Raum.

Wenn Sie verstehen, wo der Bruchpunkt zwischen dem Kauf gemeinsam genutzter Räume und dem Kauf eigener Räume liegt, wissen Sie, wann der effizienteste Zeitpunkt für die Suche nach eigenen Räumlichkeiten ist.

Als wir beispielsweise schnell nach beiden Arten von Immobilien suchten, fanden wir eine Business-Center-Fläche, die für 300 $/Mio. pro Sitzplatz vermietet wurde. Auf der Suche nach gemieteten Büroflächen fanden wir ein 1.100 Quadratmeter großes Grundstück mit 11 bis 15 Sitzplätzen. Das waren 1.900 US-Dollar Miete pro Monat inklusive aller staatlichen Steuern. Da in beiden Gebäuden zusätzliche Versorgungsleistungen anfallen, haben wir diese Kosten in diesem Beispiel nicht berücksichtigt. Anhand dieser Zahlen können wir erkennen, dass der Haltepunkt bei etwa 7 Sitzen liegt.

Natürlich muss man auch die Kosten für die Ausstattung eines Gebäudes abwägen; Business Center sind in der Regel bereits ausgestattet und verfügen über Schreibtische, IT- und Steckdosen. Alle diese Ausstattungskosten sollten in Ihrer Kalkulation berücksichtigt werden, obwohl sie sich über einen langen Zeitraum verteilen können.

14. Verhandeln Sie eine längere Mietdauer.

Die Vereinbarung einer längerfristigen Mietdauer kann dazu beitragen, Ihre monatlichen Mietkosten zu senken, da Vermieter oft die Garantie eines

Langzeitmieters bevorzugen, da ihnen dadurch die Kosten für die Vermarktung freier Räumlichkeiten sinken.

15. Achten Sie bei der Aushandlung eines Mietvertrags auf Anreize.

Dies gilt sowohl für gemietete als auch für gemeinsam genutzte Räume. Der Vermieter ist häufig bereit, Anreize wie kostenlose Mietzeiten oder Mehrwertdienste wie kostenlose Besprechungsräume anzubieten, wenn er in einem Gemeinschaftsgebäude mietet. Gelegentlich, wenn eine große Anzahl von Gebäuden gebaut wird, baut der Vermieter sie, ohne an einen Mieter zu denken. Daher können Gespräche mit Vermietern über Neubauprojekte, insbesondere während der Bauphase, zu günstigen Konditionen führen.

Möglicherweise können sie auch potenzielle Kunden vorstellen. Schließlich liegt es in ihrem Interesse, dass Ihr Unternehmen erfolgreich ist. Es lohnt sich, die Frage zu stellen.

16. Verfügen Sie über die besten Sicherheitsmaßnahmen.

Auch wenn es für das Unternehmen wie ein Kostenfaktor erscheinen mag, könnte es dem Unternehmen später erhebliche Kosten verursachen, wenn es nicht genutzt wird, was sogar zum völligen Scheitern des Unternehmens führen könnte.

17. Nehmen Sie nicht mehr Platz ein, als Sie benötigen.

Dadurch werden Miete, Tarife, Wartung, Heizung und Kühlung reduziert. Ich treffe so viele Geschäftsinhaber, die viel mehr Platz in Anspruch nehmen, als sie benötigen, und den überschüssigen Platz schließlich für die Lagerung nutzen. Wenn Sie Lagerraum benötigen, stehen Ihnen wesentlich günstigere Optionen zur Verfügung.

18. Überschüssige Flächen untervermieten.
Vorbehaltlich der Zustimmung des Vermieters: Warum nicht mit anderen Geschäftsinhabern zusammenarbeiten und ihnen Räumlichkeiten untervermieten? Wenn es sich um ein komplementäres Unternehmen handelt, kann die Zusammenarbeit auf diese Weise sogar einen Mehrwert für beide Unternehmen schaffen.

19. Schauen Sie sich andere Nutzungsmöglichkeiten für Ihren Raum an.
Durch die Beurteilung der Funktionsweise Ihres Unternehmens und der Kaufgewohnheiten seiner Kunden könnten Sie Platz schaffen, der effektiver genutzt werden kann.

Beispielsweise könnte ein Café feststellen, dass 75 % seines Umsatzes mit Außer-Haus-Verkäufen erzielt werden, wodurch die erforderliche Sitzplatzfläche reduziert wird. Es könnte diesen Raum für alles Mögliche nutzen, von der Untervermietung von Büroräumen für Geschäftstreffen bis hin zur Gründung eines kostenlosen Backgeschäfts. Es spielt keine Rolle, wofür Sie den zusätzlichen Platz nutzen (vorbehaltlich der Lizenzierung), aber denken Sie einfach an diese Strategie für Ihre eigenen Räumlichkeiten.

20. **Zahlen Sie nicht mehr Miete als nötig.**
Ein professioneller Berater informiert Sie über die aktuellen Marktmieten und zeigt Ihnen, wo eine Immobilie überteuert ist. Sie helfen auch bei der Aushandlung etwaiger Anreize.

21. Bezahlen Sie nicht den Preis, zu dem die Räumlichkeiten vermarktet werden.

Nur weil die Immobilie für 10.000 US-Dollar pro Monat vermarktet wird, heißt das nicht, dass der Makler oder Vermieter mit 10.000 US-Dollar pro Monat rechnet.

Wie bei allem im Leben und im Geschäft kommt es auch hier auf Verhandlungen an, und wenn Sie mit niedrigen Angeboten beginnen, kann das nur von Vorteil sein. Das Schlimmste, was passieren kann, ist, dass das Angebot abgelehnt wird und Sie ein höheres Angebot machen müssen.

22. Beauftragen Sie keinen Anwalt mit der Unterbreitung informeller Angebote vor Ort.

Anstatt von einem Anwalt verschiedene Rechtsdokumente mit informellen Angeboten für Kapitalkäufe oder Leasingverträge erstellen zu lassen, nutzen Sie einfach Telefon und E-Mail, bis ein Betrag und die Grundbedingungen vereinbart sind. Anschließend lassen Sie die Unterlagen vom Makler des Vermieters zur Unterzeichnung durchsenden. Auf diese Weise zahlen Sie nur für die Überprüfung der Dokumente, anstatt sie von Grund auf neu zu schreiben.

23. Kaufen Sie die Räumlichkeiten, anstatt sie zu leasen.

In manchen Fällen kann es hilfreich sein, die Hypothekenkosten mit den Leasingkosten abzuwägen und so die monatlichen Ausgaben für das Unternehmen bei der Anmietung von Räumlichkeiten zu reduzieren. Achten Sie dabei natürlich darauf, dass das Unternehmen nicht zu schnell über die Räumlichkeiten hinauswächst und dass die Immobilie im Hinblick auf die spätere

Wiederverkaufsmöglichkeit eine gute Investition darstellt.

Lassen Sie Ihren Buchhalter die Zahlen durchgehen, einschließlich etwaiger steuerlicher Anreize sowohl für die Eigentums- als auch für die Mietoptionen.

24. **Setzen Sie Kapital in einer eigenen Immobilie mithilfe eines Sale-and-Lease-Back-Prozesses frei.**
Viele Banken und Finanzinstitute bieten Gewerbeimmobilienbesitzern die Möglichkeit, ihren Vermögenswert freizusetzen, indem sie sie an die Bank verkaufen und sie dann zu festen Konditionen zurückmieten.
Besprechen Sie dies wie bei Strategie 23 mit Ihrem Buchhalter, um die Auswirkungen auf das Unternehmen abzuschätzen, da ein großer Kapitalgewinn, der mit der Immobilie erzielt wird, zu einer sehr hohen

Steuerbelastung führen könnte, was bedeutet, dass die Option weniger rentabel ist.

25. **Wenn Sie eine Immobilie kaufen, sollten Sie den Kauf über eine Auktion in Betracht ziehen.**

Der Kauf auf einer Auktion kann eine gute Gelegenheit sein, bei Gewerbeimmobilien ein Schnäppchen zu machen. Viele große Gewerbeportfolios sind im Besitz von Immobilienfonds, Versicherungsgesellschaften und Investmentfonds und verkaufen daher große Teile ihres Portfolios auf einmal. Damit bietet es eine gute Gelegenheit für alle, die Gewerbeflächen suchen.

Bevor Sie bei einer Auktion für eine Immobilie bieten, ist es ratsam, sich von erfahrenen Beratern beraten zu lassen und sicherzustellen, dass Sie über das erforderliche Kapital verfügen, um den Kauf innerhalb weniger Tage nach dem Zuschlag abzuschließen.

In vielen Ländern müssen Sie am Tag der Auktion eine ziemlich hohe Anzahlung leisten, und wenn Sie nicht innerhalb der vereinbarten Frist zahlen, müssen Sie mit sehr hohen Geldstrafen rechnen.

26. Wandeln Sie ein Gebäude nach Ihren Bedürfnissen um.

Durch den Umbau eines bestehenden Gebäudes und die Änderung seiner Nutzung (vorbehaltlich der Zustimmung) könnten Sie eine großartige Möglichkeit haben, sowohl bei den Mietkosten als auch bei den Kaufkosten Geld zu sparen. Beispielsweise würde die Umwandlung eines Teils einer Lagerfläche in Büroräume erhebliche Mieteinsparungen im Vergleich zur Alternative, die entsprechende Bürofläche an einen anderen Ort zu verlegen, mit sich bringen.

Offensichtlich müssen Sie Bebauungsbeschränkungen in Betracht ziehen, da die Planungs- oder Genehmigungsbehörden wahrscheinlich nicht zustimmen würden, dass Sie ein ganzes Lagerhaus in ein Bürogebäude umwandeln würden, obwohl sie wahrscheinlich einer Umwandlung eines Teils des Geländes zustimmen würden.

27. Verstehen Sie die Absichten des Vermieters.

Wollen sie jetzt Einkommen oder Sicherheit für die Zukunft? Strukturieren Sie den Mietvertrag entsprechend dieser Agenda.

28. Erwägen Sie eine gemeinsame Partnerschaft mit dem Vermieter.

Wenn Immobilien ein wesentlicher Faktor für den Geschäftserfolg und das Wachstum Ihres Unternehmens sind (Supermärkte sind ein Paradebeispiel dafür), sollten Sie den Vermieter bitten, im Gegenzug für eine deutliche Reduzierung der Miete einen Anteil am Gewinn/Eigenkapital des Unternehmens zu akzeptieren.
Um dies zu akzeptieren, müsste der Vermieter unternehmerisch begabt sein, es gibt jedoch einige große Immobilienvermieter, die diese Art von Vereinbarung treffen.

29. Stellen Sie sicher, dass der steuerpflichtige Wert Ihres Unternehmens korrekt ist.
In einigen Rechtsordnungen werden Gewerbegrundstückssteuern auf der Grundlage des Werts der Immobilie berechnet. Über diesen Wert lässt sich streiten. Die Beauftragung eines Experten, dies in Frage zu stellen, kann Ihnen dabei helfen, ein Ergebnis zu erzielen.

30. Beantragen Sie eine Befreiung für Kleinunternehmen sowohl für die Wasser- als auch für die Gewerbetarife.

Organisationen mit gemeinnützigem Status können in der Regel entweder eine vollständige oder eine teilweise Befreiung erhalten, und einige kleine Unternehmen haben ebenfalls Anspruch auf Befreiungen. Die Regionen variieren und können von der lokalen Industrie abhängen.

31. Führen Sie eine Wasserpreis-Haftungsprüfung durch und bestreiten Sie etwaige Wassersteuern.

Durch eine Prüfung lässt sich feststellen, ob die Haftung für Wassergebühren hoch ist. Einige Behörden berechnen entweder eine Gebühr pro Nutzung oder eine feste Gebühr. Die Berechnung der besten Option basierend auf Ihrem Nutzungsniveau hilft Ihnen, die Kosten zu senken.

32. Informieren Sie sich über Ihre Servicegebühr und was darin enthalten ist.
Ihre Servicegebühr kann eine Vielzahl von Dingen umfassen, von der Bereitstellung von Empfangsdiensten über Reinigungs- und Kaffeezubereitungseinrichtungen bis hin zur Reinigung oder, wenn Sie Glück haben, kostenlosen Zugang zu den Fitnesseinrichtungen vor Ort. Durch die Aufschlüsselung erhalten Sie ein klareres Bild davon, wofür Sie möglicherweise doppelt bezahlen oder worauf Sie wahrscheinlich verzichten können.

33. Verhandeln Sie über eine Reduzierung der Servicegebühr.
Verhandeln Sie über eine Reduzierung der Servicegebühr, wenn Dienstleistungen nicht benötigt werden oder wenn die

Servicegebühr nicht den besten Gegenwert für jede erbrachte Dienstleistung bietet.

Beispielsweise bieten sie möglicherweise Anrufbeantwortungsdienste an, die doppelt so viel kosten wie die Nutzung eines externen Anrufbearbeitungsunternehmens. Wenn Sie nur ein oder zwei Anrufe pro Woche entgegennehmen, warum lassen Sie diese dann nicht einfach auf Ihr Mobiltelefon umleiten?

34. Konvertieren Sie ein Gebäude erst nach einer Bewertung der Lebenszykluskosten. Wenn Sie ein bestehendes Gebäude umbauen, um seine Nutzung zu ändern, vergleichen Sie den Lebenszyklus und die Umbaukosten mit denen eines Gebäudes, das bereits für diesen Zweck konzipiert ist.

Es ist wichtig zu verstehen, wie viele Jahre es dauern wird, bis sich die Umstellungskosten amortisieren. Berücksichtigt man auch den marktüblichen Wiederverkaufswert des neu umgebauten Gebäudes.

35. **Vermeiden Sie Probleme, um etwaige Honorare zu reduzieren.**

Wenn Sie darauf verzichten, einen Grund für Streit mit dem Vermieter oder benachbarten Unternehmen zu schaffen, entfällt die Notwendigkeit, professionelle Berater wie etwa Anwälte zu beauftragen. Die ordnungsgemäße Instandhaltung eines Gebäudes verhindert auch Eingriffe seitens des Vermieters oder seines Vertreters.

36. Reduzieren Sie die Steuerschuld auf Immobilien, indem Sie die richtige Struktur wählen.

Eine Möglichkeit könnte darin bestehen, eine juristische Person mit dem alleinigen Zweck zu gründen, die Immobilie zu besitzen, diese dann an das Unternehmen zu vermieten und so das Kerngeschäft von den Steuerverbindlichkeiten zu trennen, die durch den Besitz der Immobilie entstehen.

37. Erwägen Sie eine Refinanzierung, wenn eine Immobilie Eigentum ist.

Ein guter Finanzmakler kann Sie beraten, wann ein guter Zeitpunkt für eine Refinanzierung ist. Ein solcher Schritt könnte auch zusätzliches aufgebautes Eigenkapital aus etwaigen Wertsteigerungen freisetzen. Es ist wichtig, sich dabei der steuerlichen Auswirkungen bewusst zu sein.

38. Konsolidieren Sie Remote-Vorgänge.

Wenn Sie von mehr als einem Standort aus tätig sind, sollten Sie die Konsolidierung einiger Abläufe in Betracht ziehen, um die Effizienz zu steigern.

So könnten Sie möglicherweise die Größe einer Immobilie vergrößern und gleichzeitig die Größe anderer Immobilien deutlich reduzieren. Die Kosten pro Quadratmeter Fläche sind bei einem größeren Gebäude oft günstiger als bei einem kleineren Gebäude.

39. Lagern Sie „nicht zum Kerngeschäft gehörende Funktionen" aus, um den Platzbedarf zu reduzieren.

Wenn es sich bei Ihrem Unternehmen um ein Restaurant handelt, besteht die Kernaufgabe des Unternehmens darin, die Kunden mit Lebensmitteln zu versorgen. Wenn Sie Personal für andere Aufgaben als die Zubereitung und das Servieren von Speisen beschäftigen müssen, gelten diese als nicht zum Kerngeschäft gehörende Aufgaben und können das Unternehmen von der Erbringung seiner Dienstleistungen ablenken.

Zu solchen nicht zum Kerngeschäft gehörenden Funktionen könnten Personalrekrutierung, Gehaltsabrechnung, Buchhaltung, Marketing, Tischreservierungen, Hausverwaltung, Reinigung, Anrufbeantwortung usw. gehören.

In größeren Gebäuden kann für einige dieser Funktionen möglicherweise eine Vollzeitbeschäftigung erforderlich sein, beispielsweise als Reinigungskraft. Durch die Auslagerung dieser Rolle entfällt jedoch die Notwendigkeit, diese Rolle oder Person zu verwalten.

Eine solche Führung oder Überwachung lenkt das Unternehmen und seine Mitarbeiter von der Betreuung seiner Kunden ab und erfordert je nach Funktion möglicherweise ein gewisses Maß an Schulung oder Fachwissen der Unternehmensleiter, um diese Funktion ordnungsgemäß zu verwalten.

40. **Teilen Sie die Nachfrage nach Produkten, Dienstleistungen und Raum mit anderen in Ihrem Umfeld.**
Der Zusammenschluss mit ähnlichen Unternehmen kann dazu beitragen, die Kosten für bestimmte Produkte oder Dienstleistungen zu senken. Betrachten Sie zum Beispiel die neuesten Hochhausprojekte, die in den letzten Jahren gebaut wurden.

Anstatt ein Gebäude von einem einzigen Unternehmen, beispielsweise einem Hotel, bauen zu lassen, ist es heute weitaus üblicher, ein größeres Gebäude zu bauen und es in Hotelflächen, Büroflächen, Fitnessstudios, Wohnflächen, Restaurantflächen und sogar Einzelhandelsflächen aufzuteilen Raum.

Wir müssen uns nicht die 110-stöckigen Hochhäuser ansehen, um Beispiele dafür zu sehen; Wir können es in den meisten neuen Entwicklungen in jeder Stadt sehen. Es ist vielleicht nur 6 oder 8 Stockwerke hoch, wird aber dennoch Hotelflächen, Einzelhandelsflächen im Erdgeschoss und Büros auf den übrigen Flächen umfassen.

Auf diese Weise profitieren diese Gebäudenutzer gemeinsam mit den anderen Unternehmen von den Vorteilen eines solchen Standorts, können sich jedoch die Kosten des Gebäudes teilen, z. B. für die Instandhaltung des Geländes, Sicherheit, IT-Infrastruktur, Rezeptionsdienste,

Reinigung, Facility Management usw. bis hin zum Masseneinkauf ihrer Toilettenpapierrollen für das Gebäude, indem sie einfach ein zusätzliches Stockwerk hinzufügen oder die Grundfläche leicht vergrößern.

41. Teilen Sie kritische Systeme mit ähnlichen Unternehmen.

Die Einrichtung kritischer Systeme und Infrastruktur kann für jedes einzeln tätige Unternehmen extrem kostspielig sein. Durch die Zusammenarbeit mit anderen Unternehmen kann jeder vom Kern der Systeme profitieren, wobei für jedes Unternehmen lediglich wesentlich geringere Kosten für die individuelle Anpassung der Systeme anfallen.

Ein gutes Beispiel hierfür ist „Cloud-Speicher". Noch vor wenigen Jahren musste ein Unternehmen in eigene

IT-Server und eigene maßgeschneiderte Software investieren. Ein Unternehmen zu führen war kostspielig.

Als Cloud-Dienste online gingen, wurde das Kern-Backbone aus der Ferne bereitgestellt, während jedes Unternehmen den Dienst einfach entsprechend seinen eigenen Betriebsanforderungen einrichtete. Durch die weitere Bündelung dieser Nachfrage lässt sich noch mehr Effizienz erzielen.

42. Sammeln Sie Immobilienangebote mit anderen Käufern.

Die Zusammenstellung der Nachfrage nach Immobilienangeboten bedeutet, dass die kombinierte Kaufkraft statt 20 Toilettenpapierrollen pro Monat 20.000 Toilettenpapierrollen pro Monat betragen könnte. Dies bedeutet, dass Sie genügend Kaufkraft gewinnen können, um direkt mit dem Hersteller zu verhandeln, anstatt im

Einzel- oder sogar im Großhandel einzukaufen.

Genau so funktioniert der Großhandelsmarkt. Bei seinen Kunden handelt es sich um eine Gruppe ähnlicher Unternehmen, die entsprechend den Kaufgewohnheiten ihrer Kunden größere Rabatte aushandeln können.

43. **Erfassen Sie den Platzbedarf.**

Das Zusammenkommen mit anderen eröffnet die Möglichkeit, den Raum mit ihnen zu teilen. Stellen wir uns zum Beispiel vor, dass es fünf lokale Unternehmen gibt, von denen drei einen kurzfristigen Bedarf an Räumlichkeiten haben, während die anderen beiden aufgrund der Einführung eines neuen Remote-Arbeitsplans für ihre Mitarbeiter Platz zur Verfügung haben. Es gibt auch ein örtliches Gemeindezentrum, das über Büroflächen verfügt, die jedoch kaum genutzt werden.

Durch die Zusammenführung kann dieser gesamte Raum so genutzt werden, als wäre es ein großes Unternehmen, bei dem jeder nur für den genutzten Raum zahlt/bezahlt wird und gleichzeitig die maximale Raumausnutzung erreicht wird.

44. Beauftragen Sie einen guten Immobilienanwalt.

Ein guter Anwalt für Immobilienrecht prüft den Mietvertrag auf „Angemessenheit" und kann sich für einen faireren, mieterfreundlichen Mietvertrag einsetzen.

45. Reduzieren Sie die Versicherungsprämien, indem Sie die Selbstbeteiligung erhöhen.

Durch die Erhöhung der Selbstbeteiligung einer Police können die Versicherungsprämien gesenkt werden, insbesondere in risikoreicheren oder neueren Unternehmen.

46. Überbewerten Sie die Versicherung nicht.
Erhalten Sie eine aktuelle Bewertung, um eine Überbewertung und eine kritische Unterbewertung zu vermeiden.

47. Versichern nur zum Wiederaufbau.
Beim Abschluss einer Gebäudeversicherung müssen Sie lediglich die Kosten für den Wiederaufbau versichern, die deutlich unter dem tatsächlichen Marktwert liegen sollten.

48. Zahlen Sie Ihre Versicherungsprämie im Voraus.
Erkundigen Sie sich bei Ihrem Versicherer, ob es möglich ist, durch eine Vorauszahlung Geld zu sparen, und wenn der Cashflow dies zulässt, tun Sie dies.
Stellen Sie so sicher, dass Ihnen bei späteren Vertragsänderungen keine Mehrkosten entstehen.

49. Vermeiden Sie immer höhere Versicherungskosten und versuchen Sie, Schadensersatzansprüche nach Möglichkeit zu vermeiden.

Eine Erhöhung der Selbstbeteiligung kann von der Geltendmachung geringfügiger Beträge abschrecken, da die Reparaturkosten wahrscheinlich deutlich unter der Selbstbeteiligung liegen.

50. Scannen Sie alle Unterlagen in die Cloud.

Anstatt Aktenordner voller alter Rechnungen und Spesenabrechnungen aufzubewahren, scannen Sie sie alle in Ihren Cloud-Speicher, wodurch Sie alle Papierkopien loswerden und Speicherkosten sparen. Um noch mehr Geld zu sparen, können Sie, anstatt die Dokumente zu scannen und auf dem Cloud-Laufwerk Ihres Hauptunternehmens zu speichern, einen der kostenlosen Cloud-Dienste nutzen und dann den Zugriff auf das Laufwerk mit jedem im Unternehmen teilen, der ihn möglicherweise benötigt

TEIL 2:

Pflege Ihres Eigentums

51. **Reduzieren Sie die Kosten für den Verfall Ihrer Immobilie.**
Dies kann durch ein vorbeugendes Wartungsprogramm für die gesamte Gebäudetechnik und Gebäudesubstanz erreicht werden.

52. Halten Sie Ihre Immobilie in einem guten Zustand.

Gemäß einem Mietvertrag und gemäß den Gesundheits- und Sicherheitsvorschriften liegt es in Ihrer Verantwortung, Ihre Räumlichkeiten ordnungsgemäß zu warten. Ein geplanter und vorbeugender Wartungsplan kann mit minimalen Kosten für das Unternehmen durchgeführt werden. Es vermittelt auch ein viel besseres Image bei Kunden und Mitarbeitern.

Sowohl Vermieter als auch staatliche Behörden haben das Recht, einen vorläufigen Reparaturplan sowie mögliche Bußgelder auszustellen.

Im Falle von Verletzungen können die Strafen auch Freiheitsstrafen für den Geschäftsinhaber und die Geschäftsleitung umfassen. Versicherungsgesellschaften bestehen außerdem darauf, dass das

Gebäude ordnungsgemäß gewartet wird, und lehnen einen Anspruch ab, wenn keine dokumentierten Nachweise für die durchgeführten Wartungsarbeiten vorliegen und kein aktueller Wartungsplan vorliegt.

53. Verwenden Sie Software, um Probleme bei der Instandhaltung von Immobilien zu kontrollieren.

Wenn Sie ein professionelles Softwarepaket zum Melden, Verfolgen und Verwalten von Wartungsproblemen verwenden, haben Sie mehr Zeit, um sich auf die Führung Ihres Unternehmens zu konzentrieren, anstatt darauf zu achten, wann ein Auftragnehmer eintrifft, um Probleme zu beheben. Es gibt mittlerweile eine Reihe kostenloser oder kostengünstiger Pakete.

54. Verwenden Sie ein Anlagenregister mit einem Verlaufsprotokoll.

Durch die Verwendung eines Anlagenregisters mit einem dokumentierten Verlaufsprotokoll können Sie den Verlauf von Artikeln aufzeichnen und feststellen, wie der Artikel gewartet wurde, wann er zuletzt überprüft wurde und wann der Artikel zuletzt ersetzt wurde.

Ein gutes Verlaufsprotokoll sollte es Ihnen auch ermöglichen, bestimmte Dokumente mit den Artikeln zu verknüpfen, beispielsweise Rechnungen von Auftragnehmern oder Kopien von Garantiezertifikaten

55. Sammeln Sie die Nachfrage nach Immobiliendienstleistungen mit anderen Unternehmen.

Um die Verwaltungs- und Verwaltungskosten zu senken, konzentrieren sich viele Dienstleister häufig nur auf größere Kunden. Dies liegt daran, dass für die Verwaltung und Rechnungsstellung eines Kunden mit einer Immobilie dieselben Ressourcen erforderlich sind wie für die Verwaltung und Abrechnung eines Kunden mit 50 Immobilien.

Wenn sie 50 Kunden einzeln verwalten müssen, sind das 50 Kontaktpunkte, 50 Verträge, 50 Ausschreibungen, 50 Bestellungen, 50 Rechnungen usw. Durch die Zusammenarbeit mit anderen wird der Auftragnehmer motiviert, Dienstleistungen günstiger anzubieten, da er den Verwaltungsaufwand reduziert .

56. Wählen Sie einen erfahrenen Immobiliengutachter.

Bevor Sie einen Mietvertrag abschließen, lassen Sie einen erfahrenen Immobiliengutachter eine Beurteilung der Baufallhaftung durchführen und einen genauen Zustandsplan erstellen, einschließlich detaillierter Fotos des Zustands des Gebäudes, sofern erforderlich.

57. Behalten Sie den Überblick über alle Wartungsprobleme.

Der einfachste Weg, dies zu erreichen, besteht darin, vom ersten Tag an einen festen Wartungsplan zu haben, sodass Sie ihn praktisch vergessen und sich ganz auf das Geschäft konzentrieren können. Dies erleichtert auch die Budgetierung von Wartungsproblemen im Laufe des Jahres erheblich.

58. Finden Sie einen guten Experten für Bauschäden.

Finden Sie während oder am Ende Ihres Mietvertrags einen guten Experten für Bauschäden, der Sie bei der Streitbeilegung und Reduzierung etwaiger Schäden aus Bauschäden unterstützt.

59. Verbessern Sie Ihr Brandschutzsystem.

Reduzieren Sie die Sachversicherung, indem Sie sicherstellen, dass ein geeignetes Brandschutzsystem vorhanden ist, das regelmäßig gewartet wird.

60. Reduzieren Sie Versicherungsprämien durch die Installation eines NACOSS/NSI-Einbruchmelders.

Die meisten Versicherer bestehen darauf, dass Sie dies als Grundvoraussetzung für die Police haben, und lehnen häufig jeden Anspruch ab, wenn dieser nicht vorliegt oder kein aktiver Wartungsplan vorhanden ist.

61. Installieren Sie von der Versicherung zugelassene Türen, Fenster und Schlösser.

Stellen Sie sicher, dass Türen, Fenster und Schlösser von der Versicherung zugelassen sind und mit einem Wartungsplan gut gewartet werden.

62. Installieren Sie einen von der Versicherung zugelassenen Safe auf dem Gelände.
Wenn Gegenstände oder Bargeld mit höherem Wert auf dem Gelände aufbewahrt werden, kann dies eine zwingende Anforderung der Versicherungsgesellschaft sein. Wo dies jedoch nicht zwingend erforderlich ist, sollte dies dazu beitragen, die Prämien zu senken, und ist in jedem Fall eine gute Praxis, um das Unternehmen vor Diebstahl, Feuer und anderen Gefahren zu schützen Hochwasserrisiko.

63. Verwenden Sie eine von der Versicherung zugelassene Videoüberwachung.
Installieren Sie ein von der Versicherung zugelassenes CCTV-System, das von einem vom NSI/SIA zugelassenen

Überwachungsunternehmen fernüberwacht und gewartet wird.

64. Lassen Sie das Personal auf Vorstrafen überprüfen.

Lassen Sie alle Schlüsselinhaber der Räumlichkeiten und alle Mitarbeiter des CRB überprüfen und informieren Sie die Versicherer über diesen Vorgang.

Stellen Sie sicher, dass dieser Vorgang klar dokumentiert ist und dass die Zertifikate sicher aufbewahrt werden, damit sie später bei der Geltendmachung eines Anspruchs verwendet werden können.

65. Kontrollieren und beschneiden Sie regelmäßig alle Bäume und Sträucher.

Dies hat mehrere Vorteile. Dadurch werden die Wartungskosten beim Aufsammeln abgestorbener Äste gesenkt. Sollte ein Baum außerdem das Eigentum beschädigen, erhöht das in Zukunft die

Versicherungsprämien und könnte auch den Geschäftsbetrieb ernsthaft schädigen.

Schließlich fordern die meisten Versicherer, dass dies getan wird, um potenziellen Kriminellen weniger Tarnmöglichkeiten zu bieten.
Viele Versicherungsgesellschaften lehnen den Versicherungsschutz ab, wenn sich ein Baum in einer bestimmten Entfernung vom Grundstück befindet.

66. Überprüfen Sie regelmäßig alle Wasserleitungen/Wassertanks auf Isolierung.

Wenn Sie sicherstellen, dass Rohrleitungen und Tanks ordnungsgemäß isoliert sind, vermeiden Sie bei Frost das Risiko eines Rohrbruchs oder eines Wassertanks. Es empfiehlt sich, die Isolierung zu Beginn und am Ende der Wintersaison zu überprüfen.

67. **Verwenden Sie in Ihrem Heizsystem chemische Inhibitoren.**

Durch deren Einsatz wird die Bildung von Korrosionsablagerungen verhindert und die Effizienz des Heizsystems um bis zu 15 % verbessert. Es kann den Kesselwirkungsgrad um etwa 4–5 % steigern.

68. **Kaufen Sie Ausrüstung und Wartungsleistungen auf der Grundlage der Lebenszykluskosten.**

Viele Unternehmen kaufen ein Produkt oder eine Dienstleistung auf der Grundlage der Vorabkosten, diese Option kann jedoch später zu höheren Kosten führen.

Viele von uns haben ein elektrisches Gerät gekauft, das jedoch zwei Monate nach Ablauf der Garantiezeit kaputt ging. Dasselbe gilt auch in der Geschäftswelt.

Zu berücksichtigen sind unter anderem die tatsächlichen Lebenszykluskosten, die Laufzeit der Garantie, die in diesem Zeitraum anfallenden Kosten, die Ereignisse außerhalb dieses Zeitraums, die Reparaturkosten, die Wartungskosten für jede Option und die laufenden Kosten. Je nach Preis kann es zwei identische Optionen geben, aber wenn eine davon doppelt so viel an Wartungskosten und Gesamtbetriebskosten kostet, sind die Lebenszykluskosten wesentlich höher.

69. Erwerben Sie für jeden Servicetyp einen vorbeugenden Wartungsplan.

Wenn Sie jetzt ein wenig im Voraus für die ordnungsgemäße Wartung der Geräte bezahlen, stellen Sie sicher, dass die Geräte länger halten, und reduzieren den Bedarf an reaktiver Wartung oder Kapitalersatz.

Es hat sich gezeigt, dass die Lebensdauer von Geräten zehnmal länger ist, wobei eine reaktive Wartung fast vollständig entfällt, wenn ein vorbeugender Wartungsplan implementiert wurde. Auch wenn im Voraus Kosten anfallen, können die Gesamtkosten über einen Zeitraum von 10 Jahren bis zu 70 % im Vergleich zu einem Plan ohne vorbeugende Wartung eingespart werden.

Zusätzlich zu den direkten Kosteneinsparungen reduziert es nachweislich auch die Ausfallzeiten in einem Unternehmen, es kann den Ruf der Marke bei Mitarbeitern und Kunden verbessern, es reduziert den Verwaltungsaufwand für die Bewältigung von Problemen und kann auch den Cashflow verbessern, ohne dass dies erforderlich ist Führen Sie zu unerwarteten Zeiten einen Kapitalaustausch der Ausrüstung durch.

Wenn in einem Unternehmen beispielsweise ein Heizkessel ausfällt, muss es den Betrieb schließen, bis ein Ersatzkessel gefunden wird. Dieser Austausch könnte bedeuten, dass das Unternehmen zwischen 10.000 und 500.000 US-Dollar für einen neuen Ersatzkessel aufbringen muss. Rechnet man dies zu den entgangenen Einnahmen hinzu, während das Unternehmen nicht tätig ist, könnten sich die Kosten leicht verdoppeln. Einige Unternehmen könnten nicht wieder neu starten, nachdem ihr Cashflow so stark beeinträchtigt wurde.

Auch ein Versicherungsanspruch wäre wertlos, da alle Versicherungsgesellschaften darauf bestehen, dass die Geräte ordnungsgemäß gewartet werden und ein fortlaufend dokumentiertes Wartungsprogramm über die gesamte Lebensdauer der Geräte erfolgt.

TEIL 3: Energie

70. Führen Sie ein Energieaudit Ihrer Immobilie durch.

Durch die Durchführung eines Energieaudits der Immobilie identifizieren Sie etwaige Schwachstellen in der Energieeffizienz der Räumlichkeiten und priorisieren Bereiche, um Energie zu sparen.

71. Tanks und Rohre isolieren.

Durch die Isolierung eines Wassertanks und der Rohrleitungen können die Energiekosten erheblich gesenkt werden.

Beispielsweise kostet eine Tankjacke in normaler Haushaltsgröße etwa 15 US-Dollar, spart aber 45 US-Dollar pro Jahr an der Energierechnung.

Ebenso kann eine Investition von etwa 10 US-Dollar in die Rohrisolierung zu Einsparungen von etwa 15 US-Dollar pro Jahr führen.

72. Ersetzen Sie alte Heizkessel durch neue energieeffiziente Heizkessel.

Die meisten Kessel, die älter als zehn Jahre sind, können mit einem Wirkungsgrad zwischen 45 % und 85 % betrieben werden. Das bedeutet, dass der Kessel von 1000 Energieeinheiten, die er erzeugt, nur 450 Einheiten oder 45 % davon abgibt, während der Rest durch Ineffizienz und für die Umwelt verloren geht. Die meisten neuen Kessel arbeiten mit einem Wirkungsgrad von 95 % oder mehr, wobei die größeren Kessel einen Wirkungsgrad von viel näher an 100 % erreichen.

73. Isolieren Sie Dachbodenbereiche und Deckenhohlräume.

Etwa 25 % der erwärmten/gekühlten Luft gehen durch nicht isolierte Dachbodenbereiche und Deckenhohlräume verloren.

Obwohl viele Räumlichkeiten bereits über eine Isolierung verfügen, sollten die meisten diese aufrüsten, da empfohlen wird, eine Isolierung von mindestens 300 mm vorzusehen. Sofern das Gebäude nicht in den letzten Jahren gebaut wurde, wird es wahrscheinlich weniger als 100 mm haben.

74. Wanddämmung anbringen.

Neben Dach- und Dachflächen geht erwärmte/gekühlte Luft auch durch Wände verloren. Dies kann bis zu 66 % des gesamten Wärmeverlusts ausmachen. Die Optionen können von der

Hohlwanddämmung bis hin zu innen- und außengedämmten Platten reichen.

75. Verglaste Einheiten aufrüsten.

Erweitern Sie alle Verglasungen im Gebäude auf eine Dreifachverglasung der Klasse A an den nach Norden ausgerichteten Fenstern und eine Doppelverglasung der Klasse A an den nach Süden ausgerichteten Fenstern.

76. Überprüfen Sie die verglasten Einheiten auf Lücken oder gebrochene Dichtungen.

Überprüfen Sie Fenster, Türen und Glasscheiben auf Lücken oder gebrochene Dichtungen. Wenn Sie verglaste Einheiten auf Zugluft oder Lücken zwischen Glas und Rahmen von mehr als 1 mm überprüfen, können Sie Bereiche mit Wärmeverlust erkennen. Durch Maßnahmen in diesen Bereichen können Sie den Energieverlust reduzieren.

77. Halten Sie die Fenster geschlossen, wenn Sie Heiz- oder Kühlgeräte verwenden.

Obwohl es offensichtlich erscheint, öffnen viele Menschen ein Fenster, wenn sie das Gefühl haben, dass es zu warm ist, während die Heizungsanlage noch in Betrieb ist. Dies kann insbesondere in größeren Gebäuden der Fall sein, in denen mehr als zwei oder drei Mitarbeiter arbeiten.

78. Halten Sie die Türen geschlossen, wenn Sie Heiz- oder Kühlgeräte verwenden.

Durch geschlossene Türen kann sich die klimatisierte Luft in einem bestimmten Raum viel schneller ansammeln. Bei geöffneten Türen entweicht die erwärmte Luft in Flure und angrenzende Räume und es dauert deutlich länger, bis der gewünschte Raum erwärmt ist.

79. Bringen Sie Zugluftstreifen um die Türen herum an.

Im Laufe der Zeit können sich die Innenteile eines Gebäudes je nach Hitze- und Feuchtigkeitsniveau sowohl vor als auch nach der Installation ausdehnen und zusammenziehen. Besonders deutlich wird dies in den ersten zwei bis drei Jahren. Dies kann dazu führen, dass sich um die Türen herum Lücken bilden, die einen kleinen Raum für die Luftzirkulation zwischen den Bereichen lassen und Zugluft verursachen. Bei einigen teureren Türen sind Zugluftleisten in die Originaltür integriert. Wo dies nicht der Fall ist, kann der Einbau eines Zugluftstreifens eine kostengünstige Möglichkeit sein, die Energieeffizienz eines Raums zu verbessern.

80. Installieren Sie Sensoren an Türen und Fenstern.

Installieren Sie Sensoren, um Heiz- oder Kühlgeräte automatisch abzuschalten, wenn Türen oder Fenster geöffnet werden. Die Verknüpfung dieser Sensoren mit einem

Alarm kann auch dazu beitragen, das Verhalten des Personals zu ändern und die Energieeffizienz des Gebäudes zu verbessern.

81. Installieren Sie Luftschleier.

Installieren Sie Luftschleier über Außentüren, um zu verhindern, dass gekühlte/erwärmte Luft den Bereich verlässt.

82. Bauen Sie eine separate Lobby.

Bauen Sie einen Lobbybereich ein, in dem Personen/Fahrzeuge das Gebäude betreten, insbesondere dort, wo Aktivitäten stattfinden, um das Entweichen erwärmter/gekühlter Luft zu verhindern.

83. Isolieren Sie den Boden.

Etwa 15 % der Wärme/Kälte gehen über den Boden verloren. Die Isolierung eines Bodens kann für Ihr Unternehmen einen sehr störenden Prozess darstellen und sollte daher nur als Teil einer schrittweisen oder vollständigen Sanierung des Gebäudes in Betracht gezogen werden.

84. Installieren Sie eine Fußbodenheizung.

Dies ist die effizienteste Art von Heizsystem, da es auf Fußhöhe angebracht ist und bis zur Kopfhöhe reicht. Im Gegensatz zu herkömmlichen Heizsystemen ist es außerdem gleichmäßig über die Fläche verteilt. Es lässt sich zwar bereichsweise steuern, ist aber nicht so fokussiert wie das Anschließen eines einzelnen elektrischen Heizlüfters neben einem Bewohner.

Es gibt zwei Arten von Fußbodenheizungen: erstens ein Rohrsystem und zweitens ein elektrisches Mattensystem.

Das elektrische Mattensystem ist viel einfacher zu steuern und verfügt über ein fast sofortiges Ein-/Ausschalten der Wärme, ist aber hinsichtlich der Betriebskosten recht teuer. Das Rohrsystem ist im Hinblick auf die Betriebskosten viel günstiger, da es ein Netzwerk von Rohren verwendet, die rund um den Bodenbereich verlaufen, und einen zentralen Wärmeerzeuger, der aus Biomasse-, Gas- oder Ölkesseln bestehen kann und erhitzte Flüssigkeit durch das Rohrnetzwerk pumpt, bis die Fläche voll ist die erforderliche Temperatur.

Das Aufheizen/Abkühlen des Rohrsystems dauert viel länger, aber dieses Problem kann durch den Einbau eines Wetterüberwachungsgeräts zusammen mit einer automatischen Zeitsteuerung basierend auf der Belegung des Gebäudes behoben werden.

Durch den Einsatz eines Unterbodensystems werden zudem Wandflächen nicht durch Heizkörper oder Rohrleitungen beansprucht.

Eine solche Maßnahme eignet sich nur für Gebäude mit schrittweiser oder kompletter Sanierung, da sie die Freilegung größerer Bodenflächen erfordert, gleichzeitig aber auch mit der Dämmung der Bodenfläche verbunden sein kann.

85. **Schalten Sie PCs und andere elektrische Geräte aus dem Schlafmodus.**
Durch das vollständige Abschalten der Geräte kann ein kleines Büro mit zwei bis drei Mitarbeitern etwa 100 US-Dollar pro Jahr einsparen.

86. **Drehen Sie Ihren Heizungsthermostat um ein Grad Celsius herunter.**

Wenn Sie Ihren Heizungsthermostat um nur ein Grad Celsius herunterdrehen, sparen Sie 8 % Ihres Heizenergieverbrauchs.

87. Erhöhen Sie Ihren Kühlthermostat um 1 Grad Celsius.

Wenn Sie den Thermostat um ein Grad Celsius erhöhen, sparen Sie 8 % Ihres Kühlenergieverbrauchs.

88. Automatisieren Sie alle Systeme.

Durch die Automatisierung der Steuerung der Heiz- und Kühlsysteme, die bei Bedarf kurz vor dem Eintreffen des Personals eingeschaltet werden, wird sichergestellt, dass die Geräte nicht weiterlaufen, wenn das Personal nicht im Gebäude ist.

89. Entfernen Sie jegliche menschliche Kontrolle.

Wenn Sie den Bewohnern des Gebäudes die Möglichkeit entziehen, die Temperatur anzupassen, können Sie eine gleichmäßige und angenehme Temperatur für alle Bewohner des Gebäudes aufrechterhalten.

Beispielsweise kann es sein, dass es einem Bewohner zu warm ist und er die Klimaanlage einschaltet, während die anderen Bewohner es dann als zu kühl empfinden und deshalb die Heizung einschalten.

Abgesehen davon, dass zwei Systeme gegeneinander arbeiten, bedeutet dies auch, dass beide Systeme besonders hart arbeiten müssen, um die vorbehandelte Luft zu erwärmen/zu kühlen, nur um sie wieder auf den bereits vorhandenen

Zustand zu bringen. Indem jegliche Kontrolle entzogen wird, wird den Mitarbeitern die Möglichkeit genommen, dies zu tun.

90. **Stellen Sie Ihren Mitarbeitern bedruckte Arbeitskleidungs-Sweatshirts und -Jacken zur Verfügung.**
Dies verbessert die Außenpräsenz Ihrer Marke, bedeutet aber auch, dass die Bewohner des Gebäudes weniger geneigt sind, die Heizung aufzudrehen, da sie Sweatshirts tragen und die Kälte nicht so stark spüren.

Indem Sie Ihren Mitarbeitern Sweatshirts zur Verfügung stellen, können Sie die Heizung um 2 oder 3 Grad Celsius herunterdrehen, ohne dass sie es bemerken, und so fast 25 % Ihrer Heizenergierechnung einsparen. Wenn Sie das Gleiche auch für klimatisierte Räume tun, erzielen Sie das gleiche Endergebnis.

91. Entwickeln Sie eine Energiesparkultur und ein Botschafterprogramm.
Belohnen Sie die beste Einzelperson oder Gruppe für ihre Leistung. Ein solches Programm könnte genutzt werden, um die Umweltfreundlichkeit Ihres Unternehmens nach außen zu fördern und Ihre Marke bei bestehenden und potenziellen Kunden zu stärken.

92. Installieren Sie Jalousien an den Fenstern, um eine Überhitzung zu vermeiden.
Der Einbau von Jalousien, insbesondere an nach Süden ausgerichteten Fenstern, verringert den Wärmeeintrag in das Gebäude, was wiederum den Kühlbedarf verringert.

Hierbei handelt es sich um eine zusätzliche Form der Steuerung der Heizung/Kühlung eines Gebäudes.

93. Nutzen Sie Sonnenschutz am Gebäude.
Der Einsatz von Sonnenschutz an einem Gebäude reflektiert die Blendung der Sonne von den Fenstern weg und kann auch das Erscheinungsbild einiger Gebäude verbessern.

94. Drehen Sie die Wassertemperatur herunter.
Wenn Ihr Unternehmen Wäschereimaschinen verwendet, reduzieren Sie die Wassertemperatur auf 30 Grad Celsius statt auf 40 Grad Celsius.

95. Kaufen Sie energieeffiziente Geräte.
Die meisten Elektrogeräte verfügen über eine Energieeffizienzklasse zwischen A und

G. Die Wahl des energieeffizientesten Gerätes kostet zwar im Voraus etwas mehr, kann aber bis zu 130 US-Dollar pro Jahr an Betriebskosten einsparen.

96. Ersetzen Sie Bäder durch Duschen.

Wenn Ihr Unternehmen Badeeinrichtungen bereitstellen muss, beispielsweise ein Hotel, entfernen Sie alle Badewannen und installieren Sie stattdessen Duschen mit wassersparenden Köpfen. Dadurch könnten Sie bis zu 200 US-Dollar pro Jahr an Energie- und Wasserrechnungen pro Bad einsparen.

97. Ersetzen Sie alte Beleuchtung durch neue LED-Beleuchtung.

Ersetzen Sie Halogen-, Entladungs- und Leuchtstofflampen durch intelligente LED-Beleuchtung. Dadurch können bis zu 87 % der Betriebskosten eingespart werden, die Lebenserwartung ist bis zu 25-mal länger und die Wartungskosten fallen praktisch nicht an.

98. Installieren Sie Tageslichtsensoren, um das Lichtniveau zu steuern.

Das heißt, wenn mittags die Sonne scheint, wird die Beleuchtung automatisch gedimmt und so Energie gespart.

99. Installieren Sie Anwesenheitssensoren anstelle von Lichtschaltern.

Dies kann aufgeteilt werden, um nur einen sehr kleinen und spezifischen Bereich, beispielsweise einen Schreibtischbereich, innerhalb eines viel größeren Bürobereichs zu bearbeiten. Es kann für jeden Gebäudetyp und nicht nur für Büroräume verwendet werden.

100. Verwenden Sie zur Dekoration von Oberflächen leuchtende Farben.

Dekorieren Sie Wände, Böden und Decken nach Möglichkeit mit reflektierenden Materialien in leuchtenden Farben.

101. Deckenhöhen reduzieren.

Wenn die Deckenhöhe mehr als 2,4 m beträgt, versuchen Sie, diese durch den Einbau einer neuen abgehängten Decke zu reduzieren. Durch die Reduzierung einer Deckenhöhe von 3,5 m auf 2,4 m kann der Heiz-, Kühl- und Beleuchtungsbedarf für diesen Bereich um über 30 % gesenkt werden.

102. Bringen Sie an der Rückseite der Heizkörper reflektierendes Klebeband an.

Die Verwendung von reflektierendem Klebeband auf der Rückseite von Heizkörpern verringert den Wärmeverlust in der Wand.

103. Zonenbereiche des Gebäudes zur besseren Kontrolle.

Teilen Die Aufteilung der Grundfläche in lokalisierte Zonen zur besseren Steuerung des Heiz-/Kühl-/Beleuchtungssystems bedeutet, dass Sie nicht die gesamte Grundfläche heizen/kühlen/beleuchten müssen, wenn nur ein kleiner Bereich der Räumlichkeiten genutzt wird.

104. Installieren Sie Bereichsthermostate für jede Zone.

Die Installation individueller Thermostate für jede Zone bedeutet, dass sich die Zone abschaltet, wenn ein kleinerer Bereich die richtige Temperatur hat, was die Geräte wesentlich effizienter macht.

105. Installieren Sie einen Puffertank, um die Kesselzyklen zu reduzieren.

Durch die Integration eines Puffer-/Sammeltanks zur Speicherung von erwärmtem/gekühltem Wasser, das für die Zirkulation in den Räumlichkeiten bereit ist, werden die Kesselzyklen reduziert und ein effizienter Betrieb gewährleistet. Wenn Sie einen Puffertank verwenden, stellen Sie sicher, dass dieser nicht überdimensioniert ist, da ein übergroßer Tank nicht seine gesamte Wasserkapazität ausschöpft, bevor die Wassertemperatur sinkt.

106. Erzeugen Sie Ihre eigene Energie vor Ort.

Erzeugen Sie Ihren eigenen Strom vor Ort und verkaufen Sie überschüssige Energie zurück ins Netz. Dadurch verringern Sie Ihre Abhängigkeit vom Energieversorger und senken gleichzeitig Ihre Energiekosten.

107. Nutzen Sie die Wärmerückgewinnung zur Wärmerückführung.

Die Entnahme erwärmter Luft aus einem Bereich, die Reinigung und die Umverteilung an anderer Stelle im Gebäude kann zu Einsparungen bei der Wärmeerzeugung führen.

108. Installieren Sie Solar-PV-Module.

Wenn Sie Solar-PV-Module installieren, um Ihren eigenen Strom aus der Sonne zu erzeugen, erhalten Sie kostenlosen Strom und überschüssiger Strom kann zurück ins Netz verkauft werden.

109. Installieren Sie eine Windkraftanlage.

Wenn Sie vor Ort eine Windkraftanlage installieren, um Strom aus dem Wind zu erzeugen, können Sie jedes Mal Strom erzeugen, wenn der Wind weht. Überschüssiger Strom kann zurück ins Netz verkauft werden.

110. Installieren Sie ein BHKW vor Ort.

Durch die Installation einer Kraft-Wärme-Kopplungsanlage (KWK) zur Erzeugung von Wärme/Kälte und Strom aus Gas oder Biomasse können die Energiekosten gesenkt werden, und überschüssige Energie kann entweder ins

Netz eingespeist oder an benachbarte Gebäude verkauft werden.

111. Installieren Sie einen Biomassekessel.

Durch die Installation eines Biomassekessels zur Wärme-/Kälteerzeugung, der Biomassebrennstoffe wie Pellets, Holzscheite oder Hackschnitzel nutzt, können die Heizkosten Ihrer Räumlichkeiten erheblich gesenkt werden.

112. Installieren Sie eine Luftwärmepumpe.

Durch die Installation einer Luftwärmepumpe zur Erzeugung von Wärme/Kälte aus der Luft können Sie die Betriebskosten Ihrer Heiz-/Kühlsysteme senken.

113. Installieren Sie eine Erdwärmepumpe.

Installieren Sie eine Erdwärmepumpe, um Wärme/Kälte aus dem Erdreich zu erzeugen. Dies geschieht entweder durch das Ausheben einer großen Grube und das Vergraben von Rohrschlangen oder durch das Bohren eines großen Bohrlochs in den Erdkern. Dies ist eine Alternative zu Luftwärmepumpen.

114. Installieren Sie eine solare Warmwasserbereitung (Solarthermie).
Dadurch wird heißes Wasser aus der Sonne erzeugt. Es funktioniert auf die gleiche Weise wie Solar-PV, mit dem Unterschied, dass das Wasser in mehreren Zylindern innerhalb des Panels enthalten ist und zu Ihrem Speicherzylinder geleitet wird.

115. Ersetzen Sie alle elektrischen Speicherheizungen.
Ersetzen Sie Elektrospeicherheizungen durch ein effizientes Heizkesselsystem. Je nach Tarif kann die Speicherheizung eine

der teuersten und ineffizientesten Heizsysteme sein.

116. Wechseln Sie den Energielieferanten.
Durch den Vergleich und Wechsel des Energieversorgers können Sie über 10 % Ihrer Energiekosten einsparen.

117. Bezahlen Sie per Lastschrift.
Erkundigen Sie sich bei Ihrem Energieversorger, ob die Zahlung per Lastschrift günstiger ist oder wie Sie am günstigsten Strom sparen können.

118. Kaufen Sie Ihre Energie in großen Mengen.
Schließen Sie sich mit anderen in Ihrer Nähe zusammen, um die Kaufkraft zu erhöhen und einen größeren Rabatt zu erhalten.

119. Reduzieren Sie den Wasserverbrauch.

Durch die Reduzierung des Wasserverbrauchs, insbesondere des Warmwasserverbrauchs, senken Sie Ihre Energiekosten, sowohl für die Warmwasserbereitung als auch, wenn die Immobilie an einen Wasserzähler angeschlossen ist. Dadurch wird der Einheitenverbrauch der Immobilie reduziert, wodurch sich auch die Gesamtwasserrechnung verringert.

120. Führen Sie einen Drucktest an der Wasserversorgung durch.

Durch die Durchführung einer Druckprüfung der Wasserversorgung können mögliche Lecks im System festgestellt werden. Dies gilt insbesondere zwischen dem externen Zähler und der Stelle, an der das Wasser in das Gebäude eintritt. Selbst ein kleiner

Tropfen an jedem Anschluss im Rohr kann im Laufe der Zeit zu Mehrkosten bei Ihren Wasserkosten führen.

121. Überprüfen Sie die Kalibrierung des Messgeräts.

Durch die Installation einer sekundären Messung für alle gemessenen Dienste können Sie Ihre offizielle gemessene Versorgung mit Ihren eigenen Zählerständen vergleichen. In einigen Räumlichkeiten wurden Ungenauigkeiten von bis zu 40 % festgestellt, was Ihrem Unternehmen erhebliche Kosteneinsparungen bescheren könnte.

122. Nutzen Sie den Boiler zur Warmwasserbereitung.

Anstatt elektrische Tauchsieder zum Erhitzen von Wasser zu verwenden,

verwenden Sie den Boiler in Kombination mit einem Wärmespeicher oder Pufferspeicher.

123. Ersetzen Sie Händetrockner durch neue energieeffiziente Geräte.

Installieren Sie energieeffiziente Händetrockner anstelle alter, ineffizienter Trockner oder Papierhandtücher.

124. Gehen Sie digital vor und vermeiden Sie Papierverschwendung.

Entfernen Sie papierbasierte Prozesse aus dem Unternehmen. Nutzen Sie stattdessen IT-basierte Prozesse, um die Verschwendung im Unternehmen zu reduzieren.

125. Verwenden Sie Anwesenheitssensoren, um Wasser zu reduzieren.

Verwenden Sie Sensoren an Wasserhähnen, insbesondere in öffentlichen Bereichen, um zu verhindern, dass Personen die Wasserhähne und die Toilettenspülung laufen lassen.

126. Erhitzen Sie das Wasser nicht, wenn das Gebäude nicht bewohnt ist.
Einsparungen können entweder durch die Installation eines automatisierten Steuerungssystems oder durch ganz einfache Schritte wie die Installation einer Stechuhr erzielt werden.

127. Bringen Sie Durchflussregler an den Duschen an, um das Wasser zu reduzieren.
Obwohl dies bei elektrischen Duschen nicht der Fall sein sollte, reduziert ein Durchflussregler die verbrauchte Wassermenge.

128. Ersetzen Sie elektrische Duscheinheiten durch herkömmliche Mischduscheinheiten.

Durch den Ersatz elektrischer Duscheinheiten durch Mischereinheiten bedeutet dies, dass ein effizientes Boilersystem die Wärme erzeugen kann, anstatt dafür eine elektrische Duscheinheit mit hoher Leistung zu verwenden.

Eine elektrische Dusche kann bis zu 40-mal so viel Energie zum Erhitzen des Wassers verbrauchen wie ein Boiler, der erhitztes Wasser mit viel größerer Effizienz und größerem Umfang erzeugt.

129. Kaufen Sie von Waterwise empfohlene Produkte.

Kaufen Sie nur Produkte zur Wassereffizienz, die mit dem von Waterwise empfohlenen Häkchen gekennzeichnet sind.

130. Personal schulen.

Informieren Sie Mitarbeiter und Kunden darüber, wie sie am besten energie- und wassereffizient arbeiten können. Indem sie ihnen beibringen, wie sie Energie am besten nutzen können, können sie das Gelernte auch in ihrer häuslichen Umgebung anwenden, was bedeutet, dass es für sie zu einer Gewohnheit und Lebensweise wird und so den Prozess in ihrem Kopf festigt.

131. Reparieren Sie tropfende Wasserhähne so schnell wie möglich.

Ein tropfender Wasserhahn kann im Jahr 5.500 Liter Wasser verschwenden. Der Austausch einer Wasserhahnscheibe dauert nur wenige Minuten. Lohnt sich der Aufwand, so viel Wasser zu sparen?

132. Füllen Sie Kühl- und Gefrierschränke auf.

Wenn Sie freien Platz haben, füllen Sie den Luftspalt mit zerknittertem Zeitungspapier oder versiegelten Plastikbehältern. Der geringere Platzbedarf bedeutet, dass weniger Raum gekühlt werden muss.

133. Reinigen Sie die Türdichtungen von Kühl- und Gefrierschränken.

Wenn Sie die Türdichtungen von Kühl- und Gefrierschränken regelmäßig reinigen und prüfen, dass sie nicht gerissen sind oder fehlen, muss Ihr Kühl- oder Gefrierschrank nicht mehr arbeiten als nötig.

134. Halten Sie gekühlte Flüssigkeiten abgedeckt.

Durch das Versiegeln oder Abdecken von Flüssigkeiten im Kühl- oder Gefrierschrank muss das Gerät nicht so stark arbeiten. Die von der Flüssigkeit abgegebenen Dämpfe bewirken, dass das Gerät stärker arbeitet, um den Raum zu kühlen.

135. Betreiben Sie die Kühlgeräte bei optimaler Temperatur.

Wenn Sie sicherstellen, dass die Geräte bei optimaler Temperatur laufen, können Sie Betriebskosten sparen, da sie nicht mehr arbeiten müssen als nötig. Die optimale Kühlschranktemperatur liegt zwischen 3 und 5 Grad Celsius (37 - 41 Fahrenheit). Bei einem Gefrierschrank sind es minus 18 Grad Celsius (-0,4 Fahrenheit).

136. Bringen Sie automatische Türschließer an den Kühl- und Gefrierschranktüren an.

Wenn Sie einen automatischen Türschließer und/oder ein Alarmsystem an der Tür anbringen, wird die Tür automatisch geschlossen oder ein Summer ertönt, um das Personal darauf aufmerksam zu machen, dass die Tür offen gelassen wurde.

137. Legen Sie nur kühle Lebensmittel in den Kühlschrank.

Wenn Sie Lebensmittel abkühlen lassen, bevor Sie sie in den Kühlschrank stellen, muss die Kühleinheit nicht so stark arbeiten, um die Lebensmittel abzukühlen. Heiße Speisen können dazu führen, dass sich der gesamte Bereich aufheizt. Dies unterliegt den Hygienevorkehrungen.

138. Warten Sie Ihre Kühl-/Gefriereinheiten ordnungsgemäß.

Eine gut gewartete Kühl-/Gefrierkombination kann den Energieverbrauch der Geräte um 30 % senken.

139. Reduzieren Sie die Raumtemperatur durch den Einbau von LED-Beleuchtung. Installieren Sie LED-Beleuchtung, um die Temperaturen und den Kühlbedarf zu senken. Viele herkömmliche Beleuchtungsarten erzeugen große Mengen an Hitze, so dass es unmöglich ist, eines dieser Geräte zu berühren, ohne sich Hautverbrennungen zuzuziehen. Eine LED-Leuchteinheit erzeugt im Betrieb keine Hitze.

140. Reduzieren Sie die Raumtemperatur, indem Sie IT-Geräte entfernen. Entfernen Sie IT-Geräte wie Server und Desktop-Laufwerke aus einem Bereich, um den Kühlbedarf zu reduzieren.

141. Entfernen Sie Telefonladegeräte aus dem Gebrauch.

Trennen Sie Telefonladegeräte und andere Transformatoren wie Netzteile vom Netz, wenn Sie sie nicht verwenden.

142. Reduzieren Sie unnötiges Kochen.

Kochen Sie für die Zubereitung von Heißgetränken nur das Wasser, das Sie benötigen. Ein Beispiel hierfür kann der Ersatz großer Wasserkocher und elektrischer Wasserkocher durch lokalisierte Wasserkocher in Kantinenbereichen sein.

143. Schließen Sie nachts die Jalousien.

Schließen Sie nachts die Jalousien, damit in den kälteren Monaten die tagsüber angesammelte Wärme nicht entweichen kann. Es verbessert auch die Sicherheit im Gebäude.

144. Rüsten Sie alte Geräte auf.

Rüsten und ersetzen Sie alle energieverbrauchenden Geräte, die älter als 10 Jahre sind, da die Energieeffizienz mit der Zeit abnimmt oder die Geräte einfach mehr Zeit benötigen, um die gleiche Leistung zu erzielen, und daher mehr Energie verbrauchen, um das gleiche Ergebnis zu erzielen.

145. **Fenster regelmäßig reinigen.**
Reinigen Sie Fenster und Dachfenster regelmäßig, um den natürlichen Tageslichteinfall in das Gebäude zu erhöhen und die erforderliche Beleuchtung zu reduzieren.

146. **Entfernen Sie die Beschilderung von den Fenstern.**
Entfernen Sie jegliche Beschilderung oder Dekoration von Fenstern und Türen, um den natürlichen Tageslichteinfall in das Gebäude zu erhöhen.

147. Reinigen Sie Lichtdiffusoren, Reflektoren und Schirme.

Die Reinigung von Diffusoren, Reflektoren und Schirmen trägt dazu bei, die Lichtleistung jeder Einheit zu erhöhen.

148. Installieren Sie horizontale Jalousien.

Verwenden Sie statt Verdunklungsjalousien horizontale Jalousien, die das Licht zur Decke lenken.

Durch die Reflexion des Lichts in Richtung einer weiß reflektierenden Decke wirkt diese auf natürliche Weise wie eine zusätzliche Lichtquelle im Raum.

149. Installieren Sie programmierbare Steuerungen.

Installieren Sie siebentägige programmierbare Steuerungen an allen mechanischen Lüftungsventilatoren, um den Betrieb zu verhindern, wenn das Gebäude nicht bewohnt ist.

150. Frostthermostate zurücksetzen.

Setzen Sie ggf. Frostschutzthermostate zurück, um sicherzustellen, dass diese nicht zu hoch eingestellt sind.

151. Benutzen Sie nicht gleichzeitig Heiz- und Kühlgeräte.

Dies kann durch die Installation eines Managementsystems erreicht werden, das eine Einheit gegenüber einer anderen isoliert.

Im Idealfall wären beide Systeme nicht in der Lage, innerhalb desselben Zeitraums zu arbeiten, beispielsweise nicht innerhalb derselben 12 Stunden, es sei denn, es handelt sich um einen Notbetrieb.

152. Halten Sie die Zugangstüren zum Fahrzeug so weit wie möglich geschlossen.
Durch die Installation von Alarmen an Zugangstüren wird das Personal davon abgehalten, diese zu öffnen und kurz darauf wieder zu schließen.

153. Schalten Sie die Heizpatronen aus, wenn der Kessel läuft.
Ein Tauchsieder kann zum Erhitzen von Wasser 16-mal so viel Energie verbrauchen wie ein Boiler. Den meisten Menschen ist nicht bewusst, dass ein Tauchsieder eingeschaltet wird und das Wasser erhitzt, wenn ein Boiler es bereits vorgewärmt hat.

154. Reduzieren Sie die übermäßige Speicherung von erwärmtem Wasser bei geringem Bedarf.

Wenn Sie einen Pufferspeicher verwenden, achten Sie darauf, dass dieser nicht überdimensioniert ist, da er sonst nicht die gesamte erzeugte Wärme nutzen kann. Folglich wurde es ohne Grund aufgeheizt.

155. Installieren Sie Umwälzventilatoren, um die Luftzirkulation zu verbessern.

Installieren Sie Umwälzventilatoren in Bereichen mit hohen Decken und hohen Hallen (z. B. in einer Lagerhalle), um zu verhindern, dass sich Wärme in hochgelegenen Bereichen des Dachraums ansammelt.

156. Führen Sie regelmäßige Wartungsarbeiten für Heizgeräte durch.

Durch einen regelmäßigen Wartungsplan für Heizgeräte können über 10 % der Heizkosten eingespart werden.

157. Installieren Sie die Kesselfolge.

Wenn Sie mehrere Kessel verwenden, installieren Sie Kesselfolgesteuerungen.

158. Ersetzen Sie alte Kesselausrüstung.

Wenn Heizkessel älter als 10 Jahre sind, sollten Sie darüber nachdenken, sie durch effizientere Heizkessel zu ersetzen. Wenn Sie einen alternativen Ersatzkessel in Betracht ziehen, sollten die Gesamtlebenszykluskosten jeder Option berücksichtigt werden, einschließlich Wartungskosten, voraussichtliche Brennstoffkosten in der Zukunft, Lebenserwartung, Kapitalkosten usw

159. Passen Sie die Stechuhreinstellungen an.

Überprüfen Sie, ob die Einstellungen der Kesseluhr korrekt sind, und passen Sie sie bei Bedarf an, um einen Betrieb außerhalb der Betriebsstunden zu verhindern. Oft überprüft ein Mitarbeiter nicht, ob die Zeitschaltuhr richtig eingestellt ist, sondern stellt den Kessel einfach so vor, dass er im manuellen Modus feuert. Das bedeutet, dass der Kessel 24 Stunden am Tag in Betrieb sein könnte

160. Verwenden Sie Anwesenheitssensoren für Abluftventilatoren.

Installieren Sie Zeitsteuerungen mit Anwesenheitssensoren an lokalen Abluftventilatoren.

161. Reinigen Sie alle Lüftergitter und Leitungen, um einen effizienten Betrieb sicherzustellen.

Es ist eine zwingende Anforderung, dass die Rohrleitungen regelmäßig intern gereinigt werden. Viele sind sich jedoch nicht darüber im Klaren, dass dadurch die Saugleistung verbessert werden kann, was auch die Effizienz des Systems steigert, da es nicht so lange arbeiten muss, um das gleiche Volumen abzusaugen Luft.

162. **Benutzen Sie Tauchsieder nur in Notsituationen.**

Das Ausschalten von Tauchsiedern kann eine versehentliche Verwendung verhindern, wenn der Heizkessel bereits Wasser erhitzt.

163. **Steuern Sie die Außenbeleuchtung besser.**

Installieren Sie Zeitsteuerungen in Kombination mit Fotozellensensoren, um die Außenbeleuchtung zu steuern.

164. Ersetzen Sie alte Lüftereinheiten durch neue.

Ersetzen Sie alle alten ineffizienten Lüftereinheiten durch hocheffiziente Einheiten und integrieren Sie gegebenenfalls Antriebe mit variabler Geschwindigkeit.

165. Warme Luft mit dem Belüftungssystem abführen.

Anstatt eine Klimaanlage zum Kühlen eines Gebäudes zu verwenden, nutzen Sie das Lüftungssystem, um nachts warme Luft abzuleiten, was den Bedarf an Klimaanlage am nächsten Tag verringert.

166. Stellen Sie den Betrieb von Klimaanlagen unter 24 Grad Celsius ein.

Passen Sie die Temperatursollwerte so an, dass die Klimaanlage nicht unter 24 Grad Celsius (75 Fahrenheit) arbeitet, es sei denn, es liegt eine bestimmte Prozessanforderung vor.

167. Erhöhen Sie die Luftzirkulation.
Erhöhen Sie die Luftumwälzung, wenn Sie eine Klimaanlage verwenden, um die Belastung des Systems zu verringern.

168. Verwenden Sie Solarfolie, um die Hitze zu reduzieren.
Verwenden Sie Solarfolien an Südfenstern, um die Überhitzung im Sommer zu reduzieren und den Bedarf an Klimaanlagen zu senken.

169. Nutzen Sie natürliche Belüftung, um ein Gebäude zu kühlen.

Verwenden Sie zur Kühlung eines Gebäudes eine natürliche Querlüftung anstelle einer Klimaanlage.

170. Verwenden Sie Türschließer, um Bereiche abzutrennen.

Bringen Sie automatische Türschließer an, um Räume zu trennen, in denen Klimaanlage/Heizung genutzt wird, und um zu verhindern, dass aufbereitete Luft in andere Bereiche entweicht.

171. Führen Sie vorbeugende Wartungsarbeiten an Klimaanlagen durch.

Vorbeugende Wartung reduziert Ausfallzeiten, kann die Kosten um bis zu 30 % senken und verbessert die Lebenserwartung der Geräte.

172. Ersetzen Sie ältere Motoren und Antriebe durch hocheffiziente Einheiten.

Alte Motoren können sehr ineffizient sein. Mit zunehmendem Alter nimmt die

Ineffizienz zu und der Betrieb kostet mehr. Ersetzen Sie diese durch neue hocheffiziente Einheiten.

173. Führen Sie Wärmebildaufnahmen an Geräten durch.

Führen Sie Wärmebildinspektionen an Geräten durch, um festzustellen, wie intensiv sie arbeiten. Bewerten Sie die Gründe, warum diese Geräte härter arbeiten als andere, und korrigieren Sie sie, wo möglich.

Aktualisieren Sie alle identifizierten Geräte, die nicht repariert werden können. Ältere Geräte müssen oft härter arbeiten, um die gleiche Leistung zu erzeugen, was bedeutet, dass sie mehr Energie verbrauchen, um diese Leistung zu erzeugen.

174. Entfernen Sie alle unbenutzten Geräte.

Entfernen/isolieren Sie alle Geräte, die keine nützliche Arbeit mehr leisten.

175. Ersetzen Sie überdimensionierte Motoren.

Ersetzen Sie übergroße Motoren durch hocheffiziente Motoren der richtigen Größe. Manche Motoren wurden früher als überdimensionierte Einheit eingebaut, in der falschen Annahme, dass sie weniger Energie verbrauchen würden, wenn sie nicht so stark arbeiten müssten. Mit den neuesten hocheffizienten Motoren können Motoren auf die von ihnen angetriebene Last dimensioniert werden und verbrauchen dennoch viel weniger Energie als ihre älteren Alternativen.

176. Ersetzen Sie verschlissene Antriebsriemen und Riemenscheiben an Motoren.

Motoren, die härter arbeiten, verbrauchen mehr Energie, um die gleiche Arbeit zu erledigen.

177. Installieren Sie Spannungsoptimierungseinheiten.

Erwägen Sie die Installation von Spannungsoptimierungseinheiten, um die Motorleistung zu verbessern, da die dem Motor zugeführte Elektrizität konstant gehalten wird, sodass der Motor bei Schwankungen nicht mehr arbeiten muss.

178. Elektromotoren und Antriebe ordnungsgemäß warten.

Die ordnungsgemäße Wartung von Elektromotoren und Antrieben bedeutet weniger Ausfallzeiten und einen effizienteren Betrieb. Die Erstellung eines vorbeugenden Wartungsplans ist eine gute Möglichkeit, dies zu erreichen.

179. Installieren Sie Antriebe mit variabler Drehzahl.

Ersetzen Sie Motoren mit fester Drehzahl durch Antriebe mit variabler Drehzahl, insbesondere für Lüfter, Pumpen und Luftkompressoren.

180. Installieren Sie Gebäudesteuerungen.

Dadurch können bis zu 20 % der Energiekosten eingespart und die Funktionsweise des Gebäudes verbessert werden.

181. Kontrollieren Sie regelmäßig die Stechuhren.

Überprüfen Sie, ob alle Zeituhren auf die richtige Uhrzeit und den richtigen Tag eingestellt sind. Wenn Sie diese wöchentlich schnell überprüfen, können Sie erheblich sparen.

182. Stellen Sie die richtigen Ein-/Ausschaltzyklen ein.

Überprüfen Sie, ob bei allen Zeitschaltuhren die korrekten Ein-/Ausschaltzyklen eingestellt sind.

183. Überprüfen Sie regelmäßig alle Thermostate.

Überprüfen Sie, ob alle Thermostate auf die richtige Einstellung eingestellt sind, und passen Sie sie gegebenenfalls an.

184. Überprüfen Sie, ob die Anwesenheitssensoren korrekt eingerichtet sind.

Wenn Anwesenheitsmelder installiert sind, überprüfen Sie deren Empfindlichkeit und Laufzeit und passen Sie sie gegebenenfalls an.

185. Installieren Sie Präsenzsensoren für alle Dienste.

Wenn zur Steuerung eines Geräts noch kein Präsenzmelder eingebaut ist, überlegen Sie, ob der Einbau eines solchen die Betriebszeit des Geräts verkürzen könnte.

Wenn beispielsweise ein Gerät nur dann betrieben werden muss, wenn jemand anwesend ist, können Sie durch den Einbau eines Anwesenheitssensors an diesem Gerät Geld sparen.

186. Ermutigen Sie die Mitarbeiter, Möglichkeiten zur Energieeinsparung vorzuschlagen.

Wenn Sie dies in ein Belohnungssystem einbinden, können Sie Gewohnheiten für Ihre Belegschaft entwickeln und eine Unternehmensmission rund um Nachhaltigkeit entwickeln.

187. Einbau von Zeitschaltuhren in Elektrogeräte.

Bringen Sie Zeitschaltuhren für alle Geräte an, z. B. Verkaufsautomaten, wo diese normalerweise eingeschaltet bleiben, damit diese isoliert werden können, wenn das Gebäude nicht besetzt ist.

188. Nutzen Sie die integrierte Energiesparfunktion.

Wenn das Gerät über eine integrierte Energiesparfunktion verfügt, richten Sie diese für den Betrieb ein

189. Tauschen Sie separate Geräte gegen Multifunktionsgeräte aus.

Verwenden Sie Multifunktionsgeräte anstelle separater Geräte wie einzelner Drucker und Kopierer. Verwenden Sie ein zentrales Multifunktions- und Mehrbenutzergerät.

Während die Energieeffizienz durch eine Zentraleinheit erhöht wird, soll sie auch beim Austausch von Tintenpatronen günstiger sein.

190. Installieren Sie Flachbildmonitore und Fernseher.

Ersetzen Sie alte Monitore und Fernseher durch neue Flachbildschirmmodelle.

191. Wechseln Sie zu tragbaren IT-Geräten.

Verwenden Sie nach Möglichkeit Laptops oder Tablet-PCs anstelle von Desktops.

Diese sparen 90 % Energie gegenüber Desktops.

192. Reduzieren Sie die Unterkühlung eines gekühlten Raums.

Kühlgeräte nicht überkühlen. Jedes 1 Grad Celsius entspricht bei einem effizienten System 2 % des Energieverbrauchs, bei einem älteren ineffizienten System jedoch mehr.

193. Kühlvitrinen reinigen.

Kühlvitrinen regelmäßig reinigen. Dadurch werden Ablagerungen über Lüftungsschlitzen und Thermostaten entfernt und die Geräte können weiterhin effizient arbeiten.

194. Benutzen Sie Nachtrollos an Kühlmöbeln.

Verwenden Sie an allen offenen Schränken gut angebrachte Nachtjalousien oder Abdeckungen, um die Kühllast außerhalb der Handelszeiten zu reduzieren.

195. Verwenden Sie bei Kühlmöbeln eine Glaserhöhung.

Durch den Einsatz einer Glaserhöhung (Wehrplatte) an der Vorderseite von Vitrinen sparen Sie ca. 3 % auf die Energiekosten für den Betrieb jedes Schranks.

196. Überprüfen Sie die Kühlleitungen regelmäßig.

Überprüfen Sie den Zustand der Isolierung der Kühlleitungen und ersetzen Sie sie gegebenenfalls.

197. Verwenden Sie die Chiller-Sequenzierung, um mehrere Chiller zu steuern.

Optimieren Sie die Reihenfolge der Kältemaschinen, um den Kühlbedarf zu teilen, wenn mehrere Kältemaschinen vorhanden sind.

198. Planen Sie vorbeugende Wartungsaufgaben für die Kühlung.

Halten Sie einen geeigneten vorbeugenden Wartungsplan für Kühlgeräte bereit. Dadurch können Ausfallzeiten und der Verlust verderblicher Waren vermieden werden, die während der Ausfallzeit einer schlecht gewarteten Kühleinheit verloren gehen.

199. Beurteilen Sie, wo Wärme aus dem Gebäude entweicht.

Führen Sie eine Wärmebilduntersuchung der Außenfassaden eines Gebäudes durch, um festzustellen, wo möglicherweise Wärme entweicht.

200. Erkannte Lücken in der Bausubstanz reparieren.

Füllen oder reparieren Sie alle Lücken in den Wänden, um zu verhindern, dass aufbereitete Luft entweicht.

201. Entfernen Sie Feuchtigkeit, bevor Sie die Isolierung verbessern.

Beseitigen Sie Feuchtigkeitsbereiche im Gebäude, bevor Sie die betroffene Isolierung austauschen.

202. Verwenden Sie zum Entladen von Fahrzeugen Andockplomben.

Wenn Fahrzeuge an Buchten innerhalb eines Gebäudes entladen werden, verwenden Sie Andockdichtungen an den Türen.

203. Ersetzen Sie Druckluftwerkzeuge durch Elektrowerkzeuge.

Wenn Druckluftwerkzeuge verwendet werden, überlegen Sie, ob stattdessen Elektrowerkzeuge verwendet werden können. Druckluftwerkzeuge kosten im Betrieb zehnmal so viel Energie.

204. Druckluftgeräte ordnungsgemäß warten.

Verfügen Sie über einen aktiven vorbeugenden Wartungsplan für Druckluftwerkzeuge und -geräte.

205. Reparieren Sie Lecks in Fluggesellschaften

Beheben Sie eventuelle Lecks in den Fluggesellschaften so schnell wie möglich. Jedes bisschen Luft, das aus der Luftleitung entweicht, muss durch den Kompressor ersetzt werden. Wenn die Luft nicht für ihren Zweck genutzt wird, ist das eine Energieverschwendung.

206. Verwenden Sie für den Kompressoreingang die kälteste Luftquelle, die möglich ist.

Bei einer externen Positionierung positionieren Sie den Luftkompressor an der

Nordseite des Bereichs oder Gebäudes mit Schatten auf der Süd-, Ost- und Westseite. Eine Reduzierung der Lufteintrittstemperatur um 6 Grad Celsius kann den Energieverbrauch um 2 % senken.

207. Entfernen Sie nicht verwendete Leitungen.

Entfernen Sie alle alten oder unbenutzten Luftleitungen oder -auslässe, um das im Luftsystem erforderliche Luftvolumen zu reduzieren.

208. Unterteilen Sie das Druckluftnetz in Zonen.

Bringen Sie Zonenabsperrventile in Bereichen der Luftleitungen an, um den Druckluftbedarf zu reduzieren. Je länger das Flugliniennetz ist, desto größer ist der Bedarf an Druckluft, um es zu füllen.

209. **Kombinieren Sie den Wärmebedarf mit anderen lokalen Immobilien.**

Durch die Gruppierung mit anderen lokalen Immobilien können Sie deutlich höhere Wirkungsgrade sowohl bei der Kesseleffizienz als auch bei den Kapitalkosten erzielen. Durch die Installation einer zentralen Kesselanlage und die Verteilung der Wärme auf jedes Anwesen zahlt jeder Teilnehmer nur für die verbrauchte Wärme.

210. **Bündeln Sie Ihr Energiemanagement mit anderen lokalen Unternehmen.**

Durch die Bündelung der Energiemanagementfunktionen kann der Prozess effizienter durchgeführt werden, was für alle Beteiligten zu Kosteneinsparungen führt.

211. **Bündeln Sie Ihre Nachhaltigkeitsnachfrage mit anderen lokalen Unternehmen.**

Jedes Unternehmen muss seine Nachhaltigkeitspraktiken verbessern. Durch die Zusammenarbeit mit anderen lokalen Unternehmen werden Doppelarbeit reduziert, und die Kosten können auf viele Unternehmen aufgeteilt werden, während jedes Unternehmen dennoch davon profitiert.

Abschluss

Unser Ziel war es, Ihnen einen Einblick zu geben, wie Sie die Betriebskosten Ihrer Immobilie senken können. Wir gehen nicht davon aus, dass Sie den Großteil dieser Arbeit selbst erledigen können, und empfehlen Ihnen, einen Fachmann mit einschlägiger Erfahrung zu konsultieren, um eine Liste realisierbarer Möglichkeiten zu erstellen, zusammen mit etwaiger Amortisation, wenn eine Vorabinvestition erforderlich ist.

Es ist auch wichtig, Chancen sowohl nach dem Budget als auch nach den Möglichkeiten mit der größten Wirkung oder der kürzesten Amortisationszeit zu priorisieren.

Über den Autor

Wayne Fox ist ein Neugründer des Geschäftslebens, ein Branchendisruptor, Entwickler von Gewerbeimmobilien, Zukunftsforscher, Bestsellerautor und Investor. Direktor der Enyaw-Gruppe, einer in Großbritannien ansässigen Investmentfirma, die in investiert *„Freiheitslebensstil"* Unternehmungen. Er verfügt über Erfahrung darin, in früheren KMU-Unternehmungen ein Umsatzwachstum im sieben- und achtstelligen Bereich zu erzielen.

Meine Online-Links:

Wayne Fox-Website: www.wayne-fox.co.uk

Enyaw-Gruppe: www.enyawgroup.com

Enyaw Capital: www.enyawcapital.com

Enyaw-Grundstück: www.enyawproperty.co.uk

Linkedin:https://www.linkedin.com/in/waynefoxuk

Twitter: https://twitter.com/WayneFoxUK1

Instagram:https://www.instagram.com/waynefoxuk

Youtube:https://www.youtube.com/@WayneFoxUK

Udemy:https://www.udemy.com/user/wayne-fox-6

www.ingramcontent.com/pod-product-compliance
Lightning Source LLC
Chambersburg PA
CBHW070253230526
45470CB00002B/582